O ser vivo

O ser vivo

Maurício de Carvalho Ramos

FILOSOFIAS: O PRAZER DO PENSAR
Coleção dirigida por
Marilena Chaui e Juvenal Savian Filho

wmf **martinsfontes**
São Paulo 2010

*Copyright © 2010, Editora WMF Martins Fontes Ltda.,
São Paulo, para a presente edição.*

1ª edição *2010*

Acompanhamento editorial
Helena Guimarães Bittencourt
Revisões gráficas
Letícia Braun
Maria Fernanda Alvares
Edição de arte
Katia Harumi Terasaka
Produção gráfica
Geraldo Alves
Paginação
Moacir Katsumi Matsusaki

Dados Internacionais de Catalogação na Publicação (CIP)
(Câmara Brasileira do Livro, SP, Brasil)

Ramos, Maurício de Carvalho
  O ser vivo / Maurício de Carvalho Ramos. – São Paulo :
Editora WMF Martins Fontes, 2010. – (Filosofias : o prazer do
pensar / dirigida por Marilena Chaui e Juvenal Savian Filho)

  ISBN 978-85-7827-343-9

  1. Evolução 2. Filosofia 3. Seres vivos 4. Vida – Ciclos I.
Chaui, Marilena. II. Savian Filho, Juvenal. III. Título. IV. Série.

10-10722   CDD-100

Índices para catálogo sistemático:
1. Seres vivos : Filosofia   100

Todos os direitos desta edição reservados à
Editora WMF Martins Fontes Ltda.
Rua Conselheiro Ramalho, 330 01325-000 São Paulo SP Brasil
Tel. (11) 3293.8150 Fax (11) 3101.1042
e-mail: info@wmfmartinsfontes.com.br http://www.wmfmartinsfontes.com.br

SUMÁRIO

Apresentação • 7
Introdução • 9

1 O ser vivo como modelo de tudo o que existe • 15
2 O ser vivo dentro e fora da máquina • 20
3 O vitalismo • 28
4 A grande temporalização • 38
5 Conclusão • 46

Ouvindo os textos • 51
Exercitando a reflexão • 58
Dicas de viagem • 64
Leituras recomendadas • 66

APRESENTAÇÃO
Marilena Chaui e Juvenal Savian Filho

O exercício do pensamento é algo muito prazeroso, e é com essa convicção que convidamos você a viajar conosco pelas reflexões de cada um dos volumes da coleção *Filosofias: o prazer do pensar.*

Atualmente, fala-se sempre que os exercícios físicos dão muito prazer. Quando o corpo está bem treinado, ele não apenas se sente bem com os exercícios, mas tem necessidade de continuar a repeti-los sempre. Nossa experiência é a mesma com o pensamento: uma vez habituados a refletir, nossa mente tem prazer em exercitar-se e quer expandir-se sempre mais. E com a vantagem de que o pensamento não é apenas uma atividade mental, mas envolve também o corpo. É o ser humano inteiro que reflete e tem o prazer do pensamento!

Essa é a experiência que desejamos partilhar com nossos leitores. Cada um dos volumes desta coleção foi concebido para auxiliá-lo a exercitar o seu pensar. Os temas foram cuidadosamente selecionados para abordar os tópicos mais importantes da reflexão filosófica atual, sempre conectados com a história do pensamento.

Assim, a coleção destina-se tanto àqueles que desejam iniciar-se nos caminhos das diferentes filosofias como àqueles que já estão habituados a eles e querem continuar o exercício da reflexão. E falamos de "filosofias", no plural, pois não há apenas uma forma de pensamento. Pelo contrário, há um caleidoscópio de cores filosóficas muito diferentes e intensas.

Ao mesmo tempo, esses volumes são também um material rico para o uso de professores e estudantes de Filosofia, pois estão inteiramente de acordo com as orientações curriculares do Ministério da Educação para o Ensino Médio e com as expectativas dos cursos básicos de Filosofia para as faculdades brasileiras. Os autores são especialistas reconhecidos em suas áreas, criativos e perspicazes, inteiramente preparados para os objetivos dessa viagem pelo país multifacetado das filosofias.

Seja bem-vindo e boa viagem!

INTRODUÇÃO
Fixidez e mudança

Os seres vivos são corpos ou sistemas físicos que possuem algumas características especiais. Eles são *homeostáticos*, ou seja, são dotados da capacidade de manter-se mais ou menos constantes diante das modificações do meio externo; são capazes de *autorreprodução*, que é a aptidão para deixar descendentes semelhantes, autorreproduzir-se formando uma genealogia que mantém por longo tempo determinado tipo ou espécie de ser vivo; e *evoluem*, pois as espécies mantidas nas genealogias sofrem modificações que resultam no nascimento de novas espécies.

Certamente, o ser vivo é muito mais do que a combinação dessas três propriedades. É mesmo questionável se uma lista de propriedades é uma forma adequada de representar o ser vivo. Contudo, se pensarmos nessas três propriedades integradamente, talvez possamos capturar outra característica muito importante para uma apreciação filosófica do ser vivo: o *tempo*. A *ho-*

meostase está relacionada ao *tempo linear* em que o ser vivo existe, como um *organismo*, de seu nascimento a sua morte. A autorreprodução garante a existência do ser vivo durante o tempo em que um *ciclo de vida* acontece. Ele se forma quando, após o nascimento, o crescimento e o amadurecimento do ser vivo, segue-se, antes de sua morte, a geração de novos seres vivos semelhantes que, por sua vez, começarão um novo ciclo. As pontas extremas da linha da vida sustentadas pela homeostase fecham-se, permitindo que o ser vivo tenha uma existência temporalmente superior. Mas a partir daqui o tempo amplifica-se e penetra ainda mais a realidade do que é vivo, pois os ciclos se repetem e formam novamente uma linha (um cilindro talvez seja uma imagem melhor neste caso) que liga todas as gerações através da relação ancestral-descendente. É nesse plano temporal que o ser vivo existe como espécie.

Por fim, o ser vivo pode existir por um tempo longo o bastante para que uma espécie origine outra espécie. Forma-se aqui uma ligação entre um ancestral e um descendente, tal como acontece nas genealogias, mas agora se trata de uma "genealogia de espécies", ou de uma *filogenia*. Esse é o nível evolutivo de existência do ser vivo, que pode durar um tempo muitíssimo mais longo, contado em milhões e milhões de anos. Exprimindo talvez o mais alto grau de existência no tempo, o ser vivo é parte de uma *história natural*, formada pela ligação genética de todas as filogenias.

Parece fora de dúvida que a temporalidade é uma característica fundamental dos seres vivos. Porém, cada um de seus modos de existência no tempo deve possuir algo de estável e constante. Os organismos, os ciclos de vida, as espécies, as filogenias e mesmo a totalidade da história natural devem exibir certo grau de *individualidade*, que é a capacidade de existir como um todo relativamente integrado e bem delimitado.

Do que foi dito até aqui, duas coisas parecem claras: (a) o ser vivo existe graças a propriedades especiais que se combinam ao longo do tempo, gerando modos de ser bem diferentes entre si. Assim, (b) há *níveis de existência* do ser vivo na Natureza que surgem de uma peculiar combinação entre *estabilidade* e *transformação*. Do nascimento à morte, a homeostase garante que o ser vivo, como um organismo, seja sempre o mesmo e, ao mesmo tempo, que se transforme profundamente. As transformações que conduzem à morte são superadas pela estabilidade gerada nos ciclos biológicos que, em conjunto, formam a estabilidade coletiva representada pela espécie. Mas a estabilidade das espécies também está sujeita a transformações que conduzem a mudanças evolutivas. Estas, por sua vez, se estabilizam nas filogenias na forma de padrões que reúnem as espécies em diferentes níveis de ancestralidade. E todas essas alternâncias de manutenção e perturbação da estabilidade não são autodestrutivas, mas, ao contrário, produzem uma espécie de fluxo ininterrupto que é o suporte da existência do ser vivo.

Certamente reconhecemos que há várias lacunas e imprecisões no que acaba de ser dito, mas isso não impede que cheguemos ao que é mais importante, a saber, uma primeira visão ou concepção *sintética*, típica da Filosofia, do ser vivo: ele é o produto de uma relação dialética entre fixidez e transformação, entre permanência de uma estrutura e temporalidade, entendendo por dialético o processo em que os opostos interagem sem se anular. Mais especificamente, em uma relação dialética, havendo duas coisas em oposição, pode-se chegar a uma estabilidade sem a necessária destruição de um deles – no nosso caso, nem do fluxo vital ininterrupto, nem dos indivíduos vivos que nele se estruturam. Isso pode soar um tanto "abstrato" e, sem dúvida, temos de desenvolver mais essa nossa primeira concepção. Assim, cabe agora perguntar: aonde essa visão sintética do ser vivo poderá nos conduzir?

1. O ser vivo como modelo de tudo o que existe

Desde os inícios da Filosofia, ou seja, da aventura de conhecer as coisas de modo racional e objetivo, enfrentou-se o problema de decidir se a realidade e a Natureza eram mais bem entendidas como algo eterno e imutável, que nenhuma mudança poderia perturbar, ou se elas eram um fluxo ininterrupto de mudanças em que nunca as coisas permanecem do mesmo jeito.

Essa tensão entre uma realidade cuja essência é a imutabilidade ou a mutabilidade determinou uma parte importante dos grandes problemas intelectuais que a Filosofia transmitiu para os pensadores e cientistas de todos os tempos. Sábios dos primeiros tempos da Filosofia, como Tales (c. 640-545 a.C.), Parmênides (nascido c. 540 a.C.) e Heráclito (nascido c. 544 a.C.), propuseram diferentes soluções para o problema. Essas soluções, a partir de então, não pararam de ser criticadas, modificadas e desenvolvidas em muitas direções.

Pensemos um pouco sobre essa tensão entre fixidez e mudança: será que o ser vivo tem alguma coisa que ver com esse grande problema filosófico? Parece que sim, pois o ser vivo é algo familiar e concreto que, em suas múltiplas formas, mostra diretamente aos nossos olhos algo que permanece o mesmo enquanto vai se transformando. De fato, o ser vivo foi utilizado, desde a Antiguidade até o início dos tempos modernos, como o modelo para o entendimento de todos os seres naturais, vivos ou não vivos, incluindo o próprio cosmo em sua totalidade. A filosofia de Aristóteles (385-322 a.C.) foi muito influente a esse respeito, pois ela mostrou que um conhecimento estável e universal da Natureza seria possível mesmo que aceitássemos que a constante transformação fosse uma característica essencial dos seres naturais. Para ele, cada um desses seres possui em seu interior um princípio de movimento e de mudança que, além de atuar eficientemente como causa de todos os tipos de transformações que neles ocorrem, coordena e organiza tais transformações para que produzam um resultado final que já está, em boa medida, predeterminado. Isso acontece porque, para Aristóteles, os seres naturais resultam da combinação de uma *matéria* passiva que sofre a ação de uma *forma* eficientemente e finalisticamente ativa. Todas essas características universais dos seres naturais são bem mais perceptíveis nos seres vivos: eles comumente se locomovem buscando o que lhes é útil e fugindo do que é nocivo, e sua reprodução é dirigida para a perpetuação da forma que é própria da espécie.

A essa visão de que todas as coisas e o próprio todo são como os seres vivos, a Filosofia associou uma série de nomes: animismo (tudo é animado), organicismo e panorganicismo (tudo é orgânico ou possui a mesma estrutura dos organismos), hilozoísmo (toda matéria é viva) etc. Tal visão desenvolveu-se bastante após a Antiguidade e, no período medieval, o ser vivo era concebido como dotado de uma espécie de força interna e oculta (muitas vezes associada à alma), igualmente responsável por sua *geração* e por sua *conservação*. Vemos que tal força é muito semelhante ao princípio aristotélico de movimento natural acima apresentado e, baseado nesta e em muitas outras ideias de Aristóteles, o grande filósofo escolástico Santo Tomás de Aquino (1225-1274) escreveu em sua *Suma teológica* (1265--1274) que o sêmen (a semente) contém uma *potência geradora* que organiza a estrutura do ser vivo, mas que não se distingue de uma *potência nutritiva*, que conserva tal estrutura. Nessas ideias e em muitas outras similares do período, vemos que a combinação dialética de fixidez e mudança do ser vivo está muito presente, pelo menos no nível homeostático e reprodutivo dos organismos.

Com o surgimento da Filosofia e da Ciência modernas, nos séculos XVI e XVII, essa imagem de Natureza como um ser vivo, ou imagem organicista, transformou-se em uma imagem cujo modelo era a *máquina*. O filósofo francês René Descartes (1596-1650) foi um dos principais criadores e promotores desse modelo. Em seu *Tratado do homem* (1632?), ele afirmou que todas as funções que nosso corpo desempenha procedem da matéria em movimento, não sendo necessário conceber nenhuma dessas forças ocultas ou internas na Natureza. Isso inaugurou uma imagem de Natureza inversa à anterior, pois agora os seres não vivos organizados como máquinas passaram a ser o modelo para compreender todas as coisas naturais, inclusive os seres vivos.

Isso produziu espetaculares mudanças em praticamente todos os ramos do conhecimento. O desenvolvimento do modelo da Natureza como máquina deu origem ao *mecanicismo*, concepção filosófica que considerava a *mecânica* ou ciência do movimento única ou principal detentora do conhecimento a partir do qual poderíamos compreender toda a Natureza. Nas teorias e explicações mecanicistas, os elementos mais fundamentais da realidade natural eram a matéria e o movimento, e não, como em Aristóteles, a matéria e a forma.

Focalizando-nos nos seres vivos, temos uma nova questão para pensar: e agora, sem o ser vivo como modelo, como fica aquela tensão entre a realidade como essencialmente fixa ou mutável? Será que a máquina pode cumprir o mesmo papel que o ser vivo cumpria nessa tensão?

2. O ser vivo dentro e fora da máquina

Uma das razões para o abandono da imagem organicista da Natureza era seu vínculo íntimo com nossa própria experiência como seres vivos. Tal experiência, que se relaciona a nossa vontade, nossas percepções, desejos e sentimentos, é fundamental para nossa sobrevivência, mas ela nada teria que ver, segundo os mecanicistas, com o conhecimento da Natureza. Bem ao contrário, ela nos induziria ao erro de atribuir qualidades anímicas humanas aos seres naturais, o que comprometeria nossa compreensão objetiva do mundo.

Eliminando tal erro, a fixidez e a transformação vistas na Natureza não mais serão entendidas como frutos de uma vontade anímica e vital, oculta na matéria, mas estarão submetidas a *leis naturais* de aplicação universal que operam com precisão matemática. Além disso, a matéria não é mais um substrato para a ação dessas forças anímicas, mas é entendida como uma substância que possui como essência a *extensão*, ou seja, possui como qualidades mais fundamentais o comprimento, a largura e a altura. Em outras palavras, as propriedades mais básicas da matéria são de natureza *geométrica*.

O mecanicismo e sua imagem mecanicista de Natureza frutificaram imensamente na Ciência e na Filosofia naturais e, apesar das inúmeras mutações por ela sofridas, a ideia de um modelo não vivo de Natureza parece ter funcionado muito bem. Mas o que ocorreu com o ser vivo nesse mundo mecânico? Certamente uma inversão: doravante o não vivo deveria servir de modelo para o vivo, pois, uma vez que toda a Natureza era concebida como um grande mecanismo de relojoaria, o ser vivo também seria, essencialmente, um relógio mais complicado. O ser vivo é uma máquina dentro da máquina. A matéria e o movimento, os dois componentes mais essenciais da Natureza, deveriam explicar todos os níveis de existência do ser vivo.

Esse ousado projeto enfrentava um grande desafio, tão grande que logo começou a exibir suas falhas. Uma delas aconteceu nos estudos sobre a *embriogênese*, que é o conjunto das primeiras transformações ocorridas no início de um ciclo de vida. As leis naturais mecânicas e universais podiam explicar parte dos processos que garantiriam aquela homeostase de que falamos inicialmente. Porém, como elas explicariam o fato de que o movimento de uma matéria simples e homogênea entra em um fluxo de transformações que se dirigem, na formação do organismo, para a produção de uma estrutura bem específica e muito semelhante àquela do ser vivo ancestral, anterior ao início do ciclo vital? O grande médico William Harvey (1578-1657) explicou em seu livro *Discussões concernentes à geração dos animais* (1651) como uma matéria homogênea contida no útero da fêmea transformava-se pouco a pouco na direção correta para a formação da estabilidade que vemos na reprodução, mas ele aceitava a existência daquelas forças e virtudes gerativas de que falamos. Já a embriogênese mecanicista não poderia aceitar nenhuma dessas forças sem retroceder aos medievais e aos antigos. O mecanicismo não dava conta, para muitos críticos da época, nem da embriogênese tomada isoladamente, nem tomada na sucessão dos ciclos vitais que formam a genealogia de uma espécie. O filósofo inglês Ralph Cudworth (1617-1688) escreveu em sua obra *O verda-*

deiro sistema intelectual do universo (1678), que Descartes não explicava por que uma espécie não poderia ser formada a partir da semente de outra.

Em suma, será que a imagem mecanicista de ser vivo foi, pelo menos nos primórdios da ciência moderna, impotente para dar conta dos níveis de existência desses seres para além do fisiológico-homeostático do organismo, ou seja, nos níveis mais temporalizados dos ciclos de vida e das genealogias?

Tudo indica que sim: o mecanicismo enfraquece muito a concepção de que a temporalidade é um ingrediente importante da Natureza em geral, o que se aplica também aos seres vivos. Neles, a dimensão fixa da estrutura geométrica e matemática ultrapassou a dimensão mutável e dinâmica, havendo um "desbalanceamento" na dialética entre fixidez e transformação. Mesmo exibindo transformações ultraordenadas no tempo, um relógio é muito mais rígido do que a mais inerte das plantas. Os mecanicistas interessados em estudar o ser vivo tinham de apresentar uma solução para esse problema, mas a via que adotaram foi continuar apostando na fixidez matemática do mecanicismo. O dinamismo da embriogênese e a manutenção dos ciclos biológicos não podiam ser satisfatoriamente explicados pelas leis naturais mecânicas e matemáticas, mas isso não significava que havia um problema intrínseco com elas. Era a própria *gênese*, tanto do ser vivo como da totalidade do mundo, que deveria estar *fora* da Natureza.

Vejamos melhor e mais detidamente no que consiste essa estranha ideia.

No mecanicismo, a estrutura total da Natureza e a dos seres naturais particulares é mantida pela operação de leis naturais mecânicas e matemáticas. Esse esquema explica muito bem a estrutura e a conservação das coisas. Mas e a origem, a gênese de tudo isso? Bem, a origem e a causa de algo são coisas bem próximas. No esquema pré-moderno, essas causas eram as virtudes e as forças intrinsecamente associadas à matéria. Retomando Aristóteles, vemos que ele podia pensar em uma *gênese absoluta* de algo, porque a forma dinâmica que atua em conjunto com a matéria informe explicava, consistentemente com sua filosofia natural, como algo que não é pode vir a ser a partir de condições iniciais particulares – lembrando que para Aristóteles havia a gênese absoluta de seres naturais e de organismos, mas não das espécies e do cosmo, que eram eternos.

Mas como essas causas seriam entendidas no interior de um mundo mecânico regulado por leis mecânicas?

Esse é um problema difícil e interessante da história da Filosofia e da Ciência. Importa-nos saber que os mecanicistas reduziram a causa das coisas ou a causalidade em geral à *criação divina*. A rigor, a única forma de geração absoluta ocorreu através da ação criadora de Deus, aquela relatada no gênese bíblico. Como essa ação divina deu-se no domínio extrafísico ou sobrenatural, ela pode ser aceita pelo esquema mecanicista sem que se retroceda ao esquema animista tradicional. Mais do que isso, a ação criadora de Deus também produziu as leis mecânicas naturais capazes de conservar um mundo já criado e ordenado.

Se voltarmos agora nossa atenção precisamente para o ser vivo, não haverá grande dificuldade para entender o que aconteceu: o que foi dito para a gênese do cosmo foi aplicado à gênese dos seres vivos. O filósofo francês Nicolas Malebranche (1638-1715) afirmou, em sua obra *A busca da verdade* (1674-1675), que os embriões de todas as espécies de plantas e de animais estão completamente *pré-formados* no interior do progenitor. Eles *preexistem* desde a criação do mundo e foram produzidos diretamente por Deus. A mecânica não precisa mais preocupar-se em explicar fisicamente a geração, porque ela, de fato, *não existe* na Natureza: cada espécie criada contém todos os germes ou embriões *embutidos* ou encaixados uns nos outros que, ao longo do tempo, desenvolvem-se e dão origem a todas as genealogias. Mas esse desenvolvimento é apenas um *crescimento* de uma estrutura pré-formada, cuja origem é sobrenatural. Assim, a genealogia passa a ser apenas um modo de falar, já que não há entre os seres vivos uma verdadeira relação ancestral-descendente, pois, a rigor, todos descendem apenas e diretamente de Deus.

Chegamos aqui a uma importante conclusão: na teoria da preexistência mecanicista, os aspectos dos seres vivos mais intimamente ligados à sua temporalidade são colocados para fora do tempo. É apenas o desdobramento do germe pré-formado que se dá no tempo, não havendo sequer a formação de *novos organismos*. A temporalidade do ser vivo reduz-se ao transcorrer de uma regularidade governada por leis naturais eternas, igualmente atuantes na revolução dos astros, no movimento das marés, no crescimento das plantas e na produção dos seres humanos – mais especificamente, de sua máquina corpórea, pois a alma humana ainda não desapareceu assim como as demais almas naturais. Em suma, quando o modelo mecanicista transformou os seres vivos em máquinas para que pudessem existir dentro da máquina do mundo, eles, por assim dizer, não "couberam completamente" em seu interior; o "excedente", a temporalidade intrínseca do ser vivo, foi colocado para fora da máquina.

Mas essa conclusão faz nascer uma nova pergunta: será que tais ideias não acabam por eliminar o próprio ser vivo da Natureza ou, como se costuma dizer, o bebê não teria ido junto com a água do banho?

3. O vitalismo

A teoria da preexistência dos germes prefere aceitar que os embriões foram produzidos por Deus a abandonar as explicações mecanicistas. Prefere incluir no campo do sobrenatural fenômenos que intuitivamente aceitamos serem muito naturais a recuar na direção do naturalismo animista. Porém, apelar a Deus para explicar os fenômenos naturais não é menos racional e menos científico do que apelar para forças anímicas ou até mesmo para a inegável realidade de nossa experiência subjetiva?

Muitos autores assim pensaram, por exemplo, Pierre-Louis Moreau de Maupertuis (1698-1759), astrônomo e matemático francês que fez importantes estudos sobre a geração dos seres vivos. Conforme escreveu em sua *Vênus física* (1745), a teoria da preexistência apenas narrava um milagre, deixando sem explicação o que realmente interessava, a geração do próprio embrião.

Ao longo do século XVIII, as críticas ao mecanicismo não se restringiram ao estudo da reprodução e da embriologia, mas também ao estudo dos fenômenos ligados à conservação do organismo. Dentre eles destacam-se a nutrição e a respiração, processos mais relacionados às transformações *químicas* do que às estritamente mecânicas. De fato, excluir o fenômeno da geração do âmbito natural teve reflexos negativos para a compreensão de outros fenômenos vitais fundamentais. Parece que o mecanicismo realmente jogou "o bebê junto com a água do banho".

Neste ponto, é preciso abrir um breve parêntese. No desenvolvimento da ciência moderna, o mecanicismo apresentou-se em mais de uma versão, mas, até aqui, referimo-nos apenas ao mecanicismo de tipo cartesiano, no qual não há a atuação de forças, mas apenas do movimento e da matéria na Natureza. Assim procedemos porque isso nos permitiu chegar aos problemas que consideramos filosoficamente mais importantes. Porém, todos conhecem a figura do físico inglês Isaac Newton (1642-1727), cuja filosofia natural incluía a noção de uma *força de atração* e que também deu origem a outra forma de mecanicismo. Assim, podemos dizer que há também um mecanicismo dinâmico ou simplesmente um *dinamismo*. Mas a Natureza na imagem dinamista era, como na mecanicista, regulada por leis naturais e matemáticas. Dinamismo e mecanicismo rivalizaram entre si em vários campos do conhecimento, inclusive nos estudos dos seres vivos. Porém, mesmo um breve relato dessa rivalidade exigiria considerar uma diversidade de assuntos que comprometeria a unidade das ideias que estamos tentando construir. Assim, apenas consideraremos que a reação ao mecanicismo cartesiano no estudo dos seres vivos, que começamos a explicar no parágrafo anterior, provém, em boa medida, mas com exceções importantes, dessa física dinamista.

Voltando ao nosso tema principal, a imagem dinamista da Natureza foi percebendo que o ser vivo não era apenas uma espécie de relógio complicado, cujas peças eram feitas de uma matéria homogênea. Ele começou a ser comparado a um sistema dinâmico de substâncias de vários tipos no qual atuavam forças especiais de atração. O desenvolvimento desse modelo dinamista de ser vivo foi bem mais diversificado do que o modelo mecanicista cartesiano. Nele comparece, principalmente por meio das contribuições que os estudos médicos do organismo humano ofereceram para a concepção geral do ser vivo, o uso dos termos "alma", "princípio", "força", "faculdade" etc., revisados e reinterpretados a partir de elementos das três grandes filosofias naturais modernas, a cartesiana, a newtoniana e a leibniziana. Esta última refere-se ao filósofo alemão Gottfried Wilhelm von Leibniz (1646-1716), que teve como um de seus objetivos centrais reintroduzir as substâncias e potências da tradição aristotélica e escolástica no contexto da filosofia mecanicista moderna. Disso resultaram importantes contribuições para a compreensão do ser vivo. Para mantermos novamente a unidade de nossa discussão, trataremos apenas de um aspecto especial desse complexo de teorias.

Ainda no século XVIII, período em que, conforme podemos perceber, foram criadas e desenvolvidas as principais ideias modernas sobre os seres vivos, surgiu uma série de estudos que tenderam a considerar que tais seres possuíam propriedades especiais, não redutíveis à matéria em movimento e mesmo não explicáveis pelas leis mais gerais da Natureza. Sinteticamente, a ideia era investigar os seres vivos a partir de uma terceira via teórica, nem animista, nem mecanicista. Tal via pode ser designada *vitalismo* e é comumente apresentada como antagônica ao mecanicismo. Na verdade, dentro da diversidade de modelos que a imagem dinamista de Natureza permitiu, tal antagonismo assume muitas formas.

Os seres vivos, segundo essa concepção, não podem ser reduzidos aos componentes exclusivamente mecânicos da Natureza. Eles são dotados de uma *força vital*, uma força *especial* capaz de manter de maneira mais coesa a relação entre fixidez e mudança do ser vivo. Os princípios físicos não vitais devem ser combatidos pela força vital, pois eles possuiriam um efeito destrutivo sobre os seres vivos. Nos termos das três propriedades básicas do ser vivo que discutimos logo no início, a força vital é a principal responsável pela existência de um ser vivo no tempo linear que vai do nascimento à morte, ou seja, ela funciona como agente homeostático fundamental.

A concepção geral vitalista está, em boa medida, alimentada pelo vitalismo médico, desenvolvido, na metade do século XVIII, na Faculdade de Medicina de Montpellier. Para os médicos dessa escola, a matéria viva contém um *princípio de sensibilidade* que dirige o movimento vital e é regulado por leis bem diferentes daquelas que governam o movimento dos corpos inanimados. Théophile de Bordeu (1722-1776), em sua obra *Pesquisas sobre as doenças crônicas* (1775), afirmou que esse princípio dirige a incessante agitação e vibração a que o corpo vivo está submetido até suas mínimas partes. Essa vibração vital não é uma atividade universal descontrolada, mas está submetida, por sua própria natureza, a um princípio de sensibilidade que regula o conjunto das funções por meio de leis vitais diferentes das leis que regulam os corpos não vivos. Para Paul-Joseph Barthez (1734-1806), outro médico de Montpellier, o princípio vital é, conforme afirmou em sua obra *Nova mecânica dos movimentos do homem e dos animais* (1798), um princípio de movimento de ordem superior, relacionado às forças vitais que são exclusivas dos vegetais e dos animais. Essas forças não podem ser explicadas pelas leis da Estática, da Hidráulica ou da Química.

O vitalismo médico parece ter restaurado a relação dialética entre transformação e fixidez do ser vivo, abalada pelo mecanicismo cartesiano. Mas os exemplos anteriores aplicam-se à existência temporal do ser vivo como organismo individual, faltando ainda restabelecer o caráter natural da reprodução. A matéria dotada com forças vitais especiais deve restituir a capacidade da Física para explicar os processos vitais temporalmente mais expandidos. Já no final do século XVIII, o fisiologista e naturalista alemão Johann Friedrich Blumenbach (1752-1840) rejeitou a preexistência dos embriões, afirmando que eles seriam formados gradativamente a partir da matéria seminal graças a uma força vital especial que ele chamou de *nisus formativus*. Essa força não apenas geraria, mas também conservaria a estrutura do ser vivo, de modo que as atividades homeostática e formativa manter-se-iam em continuidade. Assim concebida, a força vital torna-se um conceito essencial, pois restabelece a continuidade entre as diferentes gerações, que, como vimos, fora rompida pela teoria da preexistência dos germes.

Há um último aspecto do vitalismo a ser considerado. A afirmação de que os seres vivos possuem características especiais e que são governados por leis naturais também especiais aponta para a necessidade de uma ciência específica para os seres vivos. Mas tal ciência precisaria estar de acordo com os valores da cultura científica moderna, cada vez mais exigente quanto à base factual das explicações e à capacidade de uma nova ciência contribuir para o progresso do conhecimento. Em outras palavras, o conhecimento produzido por uma ciência especial dos seres vivos nascida do vitalismo deveria ser, tanto quanto possível, da mesma qualidade que os produzidos pelas ciências físico-matemáticas.

Tal exigência não poderia ser atendida por algumas formas de vitalismo que, em nossos termos, se distanciassem do papel conservativo que interage dialeticamente com a temporalidade do ser vivo. É possível que o vitalismo levasse esse aspecto conservativo a desaparecer em uma espécie de fluxo vital, dissolvendo os seres vivos em uma realidade concebida como pura mudança. Essa tendência encontra-se, por exemplo, no filósofo e enciclopedista francês Denis Diderot (1713--1784), cujas ideias mais maduras são caracterizadas como um vitalismo de tipo *materialista*. Nos diálogos que integram *O sonho de d'Alembert* (1769), Diderot diz, com grande beleza, que todos os seres "circulam" uns nos outros e que todas as espécies estão em um fluxo perpétuo, pois não há nada de preciso na Natureza. É fácil perceber que as ciências que concebessem os seres vivos a partir de tais ideias teriam dificuldade de satisfazer os valores científicos anteriormente apontados.

Para que o materialismo fosse um fundamento cientificamente legítimo, ele não deveria negar que as leis físico-químicas mais gerais da natureza fossem incapazes de gerar a ordem que a observação dos fenômenos nos revela. Porém, se a ordem complexa dos seres vivos fosse apenas um caso particular da ordem material geral encontrada nos seres não vivos, novamente teríamos a redução dos primeiros aos segundos. O organismo-máquina não terá mais nada de semelhante a um relógio, e seu modelo passará a ser uma máquina físico-química e *termodinâmica*, à qual o avanço das ciências naturais acrescentaria outros adjetivos: bioquímica, genética e biomolecular.

Foi a partir de um modelo materialista com tais características que o ser vivo se tornou o que é hoje para as ciências da vida. Mas, antes que isso acontecesse, o embate entre mecanicismo físico-químico e vitalismo continuou século XIX adentro, penetrando em parte da Ciência do século XX. Por fim, tornou-se um tema importante da filosofia da biologia nesse mesmo século. Um maior detalhamento dessa história e da situação em que seus problemas chegaram até nosso século XXI está fora do eixo de nossa discussão. Mas está completa e necessariamente dentro desse eixo formular, neste ponto, uma questão que retoma a visão sintética do ser vivo, a qual nos orientou até aqui: o novo ser vivo como máquina biodinâmica permite a expressão da dialética entre fixidez e mudança em sua completude? A temporalidade das transformações termodinâmicas e biomoleculares bastará para conferir toda temporalidade que está profundamente arraigada nos seres vivos?

4. A grande temporalização

Essa última questão, comparativamente às que já propusemos, talvez seja a mais difícil. Tentaremos responder apenas à parte que consideramos mais importante.

Na virada do século XVIII para o XIX, foi gradativamente atribuída à existência dos seres vivos uma característica que lhes conferiu um grau de temporalidade maior do que até então eles receberam. Com tal característica, o ser vivo como espécie não encontra o arremate final de sua existência, o ponto de fixidez para o qual todas as mudanças convergem. As espécies transformam-se ao longo do tempo e originam umas às outras, através de um processo chamado *evolução*. Ao longo do imenso tempo do que, em conjunto, chamamos história natural, a quantidade e a variedade de espécies modificaram-se bastante, sem, entretanto, romper o vínculo genético entre elas, ou seja, toda espécie, com exceção da primeira, provém de outra espécie preexistente.

As espécies guardam entre si a relação que há entre um ancestral e seu descendente, formando linhagens que, como já dissemos, são chamadas filogenias. O fluxo de nascimento e de extinção de espécies varia ao longo da história natural, sendo ele o resultado de complexas interações entre as mudanças internas na base genética dos seres vivos – mutações em um ser vivo particular, em uma população de seres vivos, em uma linhagem de descendência de várias espécies etc. – com mudanças externas que incluem as interações dos organismos com os ambientes físico, químico e geológico e com outros organismos. Estas últimas são bem diversificadas, mas podem ser resumidas como interações colaborativas ou competitivas.

A ideia de uma história natural existe desde a Antiguidade, tendo recebido particular interesse nos tempos modernos com o surgimento dos grandes naturalistas dos séculos XVII, XVIII e XIX. Porém, a concepção de Natureza a ela associada foi em boa medida determinada pelas grandes modificações que essa noção sofreu, algumas das quais discutidas aqui. Em vista disso, há um problema inescapável a ser considerado se quisermos entender o ser vivo em seus avançados graus de temporalidade. Com a noção de evolução, gerada na virada do século XVIII para o XIX e desenvolvida até nossos dias, a Natureza torna-se "verdadeiramente histórica", ou seja, ela é entendida segundo o modelo da história cultural do homem, a história civil ou das civilizações.

A aplicação desse modelo atribui à história das espécies um caráter *linear* e *irreversível* – lembrando que linear quer dizer aqui apenas não cíclico, não significando, de modo algum, que todas as espécies e as filogenias estão arranjadas em uma mesma linha. As filogenias ou história das espécies são concebidas de tal modo que, teoricamente, as espécies extintas ou aquelas que se transformaram em outras espécies não aparecerão novamente no fluxo irreversível das filogenias – nem o Império Romano nem os dinossauros voltarão a existir.

O historiador francês Jacques Roger (1920-1990) diz, em seu artigo "Buffon e a introdução da história na história natural" (1992), que uma *história da natureza* invadiu a história natural, tanto no âmbito dos seres vivos como em outros ramos das ciências naturais, como a *cosmologia*. O filósofo e historiador inglês Robin G.

Collingwood (1889-1943) diz, em seu livro *A ideia de Natureza* (1945), que não podemos saber o que é a Natureza se não soubermos o que é a história.

Mas, como dissemos logo no início, a existência do ser vivo como um organismo, desde seu nascimento até sua morte, não é também linear? Esse modo de ser também parece irreversível, pois o recém-nascido não volta a ser embrião nem o adulto volta a ser recém-nascido... Será que os fatos sobre a vida biológica confirmam isso que, intuitivamente, nos parece tão claro e que pode mesmo ser alçado ao estatuto de conceito teórico universal sobre os seres vivos?

Diríamos que não, mas deixaremos para o leitor procurar quais seriam essas exceções ao fluxo homeostático da vida de um organismo (deixamos duas dicas: examine os conceitos de *neotenia* e de *pedomorfose*, tais como aplicados na biologia do desenvolvimento e na evolução, e algumas ideias da fascinante ciência da *cronobiologia*). Acreditamos que simples pesquisas como essa talvez possam mostrar como utilizar os fatos e os conceitos da ciência na elaboração de um conhecimento sintético e de caráter filosófico sobre os seres vivos.

Estamos aqui sugerindo uma comparação entre a temporalidade linear da vida do organismo e a da vida das espécies por uma razão muito importante. As possíveis exceções à linearidade temporal da vida do ser vivo como organismo em transformação não são o aspecto mais importante que obtemos dessa comparação. Mas, retomando a imagem que já utilizamos no início, as pontas inicial e final da linha da vida sustentada pela homeostase se fecham, conduzindo o ser vivo a um nível temporal de existência superior.

Mas esse nível é o dos ciclos de vida, em que o ser vivo continua a existir na forma dos descendentes que deixa para a próxima geração. Essa é a grande diferença desses ciclos com a evolução: os fluxos unidirecionais dos organismos individuais são apenas parte de um fluxo cíclico que, a rigor, apenas repete o que já existia sem que haja uma variação, ou a criação do *novo* nessa constante repetição – mesmo que consideremos que a cada nascimento surge um novo organismo. É apenas no nascimento de uma espécie que o novo realmente acontece na Natureza.

A existência linear do organismo, marcada por incontáveis transformações biodinâmicas ao longo do tempo, é apenas a parte mais simples ou elementar de uma existência cíclica, marcada por incontáveis repetições dos mesmos eventos biológicos. Se nada abalar essa estabilidade cíclica, é fácil notar que não haverá evolução das espécies. Mas, como as espécies realmente evoluem, podemos responder à pergunta que encerrou a seção anterior: as transformações termodinâmicas e biomoleculares não são suficientes para expressar a temporalidade da existência dos seres vivos como espécies em evolução.

Antes que a história plenamente concebida como fluxo linear, irreversível e marcada por novidades penetrasse a história natural, esta última expressão significava apenas a justaposição, e não a interação, dos conceitos de *história* e de *natureza*. Antes de uma concepção evolucionista, esses dois termos designavam mundos que foram se tornando irreconciliáveis, principalmente a partir do século XVIII. Mas o evolucionismo poderia novamente diminuir, em um novo sentido, a distância entre esses mundos, produzindo uma profunda transformação na visão geral da realidade. Foi pela mesma razão que o estudo do ser vivo nunca deixou de afetar a compreensão dos mais íntimos e mais universais aspectos da existência.

Ao percorrermos a trilha do ser vivo, podemos organizar uma história geral de nossa compreensão racional do mundo na forma de uma sucessão de imagens de Natureza: animista, mecanicista, vitalista, dinamista, evolucionista etc. Contudo, percebamos que essa sucessão é uma típica história não biológica e não natural, já que seu desenvolvimento esteve sujeito aos fatores próprios das histórias culturais – nesse caso, uma história das ideias. Parece, pelo menos à primeira vista, que não há uma "história natural das imagens de Natureza", uma vez que a vida dos conceitos não é como a vida das espécies biológicas... Mas perguntemos: o que dissemos logo acima não deve nos levar a pensar justamente o oposto, que o evolucionismo abriu a possibilidade de apagar as diferenças mais importantes entre história e Natureza?

Parece-nos racional pensar que, se a história cultural penetrou a história natural, nada impediria que o contrário também acontecesse. De fato, fala-se hoje em epistemologia evolutiva, psicologia evolutiva, sociologia evolutiva e mesmo ética evolutiva como tentativas de utilizar a evolução das espécies biológicas para explicar aspectos da realidade até então considerados exclusivamente culturais. Pensando em tal situação, abre-se um novo mundo de questões, e uma delas, que nos parece estar na raiz de muitas outras, será objeto de análise da última parte de nosso estudo: com o advento de uma história natural plenamente histórica, todos os aspectos da existência dos seres vivos, que vimos não serem poucos, serão compreendidos e explicados pela noção de evolução das espécies?

5. Conclusão
A vida deve continuar

Ao concluirmos o que podemos chamar de uma *introdução à filosofia do ser vivo*, esperamos ter mostrado o quão longe o ser vivo pode nos levar quando nos deixamos guiar por uma maneira filosófica de pensar. Porém, ir longe não significa divagar ou "viajar", como infelizmente pensam muitas pessoas (em muitos casos até mesmo pessoas dotadas de grande cultura científica – ou, antes, tecnocientífica). Significa chegar até um conhecimento filosófico *racionalmente mais profundo do ser vivo, sem abandonar o campo da cultura científica.*

Acreditamos que isso seja possível se pudermos articular os campos da ciência e da filosofia do ser vivo. Foi o que procuramos fazer até aqui e, como trabalho final, apresentaremos não uma resposta, mas o esboço de uma posição filosófica que poderá encaminhá-la. Essa interpretação certamente está sujeita a muitas objeções e, assim, esperamos que o leitor as desenvolva criticamente, dando continuidade a essa filosofia do ser vivo preliminar e indo além de tudo o que propusemos, mesmo que seja na direção oposta.

Nossa primeira posição é a de que a conexão entre história cultural e história natural postulada hoje pelo evolucionismo é preponderantemente de natureza *reducionista*, e não dialética. Chamamos reducionista a concepção, teoria, ciência, filosofia etc. que acredita que as coisas e os fenômenos de certo nível de realidade possam ser completamente reduzidos a coisas e fenômenos de outro nível, em geral mais simples. O mecanicismo, por exemplo, é reducionista por reduzir todas as coisas e fenômenos naturais a partículas materiais em movimento. Da mesma maneira, o evolucionismo pode ser reducionista se reduzir a história cultural à história natural biológica, de modo que, em princípio, as teorias que estudam temas típicos da cultura também são reduzidas às teorias que estudam a evolução biológica das espécies. Uma relação dialética deveria também incluir o movimento que vai dos estudos filosóficos e de ciências como, por exemplo, a Antropologia, a Sociologia e a própria História, como *ciências da cultura*, para os estudos das *ciências naturais* do ser vivo. Mas isso está longe de acontecer, havendo interesse, apoio e recursos preferencialmente para as pesquisas em apenas uma das direções que o pensamento evolucionista permite.

Acreditamos que essa situação gera problemas sérios que estão se multiplicando em nossos dias. Esse aspecto particular da abordagem reducionista das ciências naturais que trata dos seres vivos não conseguiu até agora contribuir de maneira decisiva para fundamentar o enfrentamento racional de uma série de questões éticas já bem conhecidas: o uso de embriões humanos para pesquisa, os maus-tratos aos animais que vivem junto do homem, o patenteamento de produtos biológicos, incluindo tanto partes somáticas (tecidos, por exemplo) quanto genéticas (genomas naturais transformados pela engenharia genética), a inclusão de organismos transgênicos artificiais capazes de poluir geneticamente a biodiversidade natural etc. Essa mesma forma de reducionismo também vem sendo incompetente para justificar cientificamente uma preservação do meio ambiente de fato eficiente e duradora.

Nossa segunda posição é a de que os problemas acima apontados existem principalmente porque o reducionismo é profundamente valorizado por uma visão *biotecnocientífica* dos seres vivos. Segundo essa visão, é mais importante controlar e transformar os seres vivos tecnologicamente do que conhecê-los sob bases científicas e racionais. Indo um pouco mais longe, o aprofundamento da preferência pelas pesquisas reducionistas de cunho tecnocientífico pode mesmo representar uma ameaça ao desenvolvimento da Ciência.

Como afirmamos repetidas vezes, nos seres vivos uma relação dialética particular permite que algo mude intensa e constantemente e continue a existir com certa individualidade. Se lembrarmos que, também como tentamos mostrar, essa relação se manifesta em vários níveis de existência do ser vivo, do organísmico ao evolutivo, parece-nos evidente, e mesmo óbvio, que a vida é um fenômeno muito persistente: ela já possui uma história com alguns bilhões de anos, mesmo que as condições para a origem primordial e a posterior manutenção do laço entre mudança e transformação sejam raras e extremamente complexas. Porém, até quando a vida continuará a existir? Essa é uma antiga pergunta que, na maioria das vezes, é feita pensando mais em nossa vida como humanos do que na vida em geral que existe no planeta. É com relação ao futuro da vida na Terra que apresentamos nossa última posição.

Afirmamos que o *fato* de a vida ter continuado persistentemente é razão suficiente para sustentar que a vida *deve* continuar a existir. Mais do que isso, não apenas continuar a existir, mas existir da *mesma maneira* que vem fazendo desde sua origem. Essa é uma posição *ética* em relação aos seres vivos que acreditamos ser racionalmente sustentável e que está de acordo com a cultura científica de nosso tempo. Ela defende que a *conservação* da biodiversidade na forma de ecossistemas naturais é científica e racionalmente muito mais sustentável do que o controle tecnológico dos seres vivos. Mas essa posição pode ser justificada somente se não restringirmos nossa cultura científica ao âmbito das ciências naturais, nela incluindo a Filosofia e as ciências da cultura.

Para tanto, é preciso, entre outras coisas, que a tendência reducionista biotecnológica deixe de possuir o papel crescentemente hegemônico que ocupa nas ciências da vida. No que diz respeito à evolução, a teoria biológica da origem das espécies não pode, sozinha, capturar esse aspecto ético da vida que, a nosso ver, é mais uma expressão da temporalidade do ser vivo.

OUVINDO OS TEXTOS

Texto 1. Aristóteles (385-322 a.C.), *Fronteiras entre o inanimado e o animado*

A natureza passa pouco a pouco dos seres inanimados para os animados de tal maneira que é impossível determinar a linha de demarcação exata nem em qual de seus lados se encontraria uma forma intermediária. Assim, na escala ascendente, logo após os seres inanimados surgem as plantas, e as plantas diferirão umas das outras com respeito à quantidade de vitalidade aparente; em uma palavra, enquanto todo o gênero de plantas é desprovido de vida quando comparado a um animal, é dotado de vida comparado com outros seres corpóreos. De fato, como notamos, observa-se nas plantas uma escala ascendente contínua em direção aos animais.

> ARISTOTLE, *History of Animals*. Trad. D'Arcy Wentworth Thompson. In: HUTCHINS, R. M. (org.). *The Works of Aristotle*. Chicago: University of Chicago/Encyclopaedia Britannica, 1952, vol. II. Trecho traduzido por Maurício de Carvalho Ramos.

Texto 2. Santo Tomás de Aquino (1225-1274), *O ser vivo é gerado por algo pertencente ao mesmo ser vivo*

Ora, a potência geradora é aquela pela qual uma coisa viva adquire o ser. Logo, é por ela que se conserva o que é vivo. Mas para a conservação de uma coisa viva está ordenada a força nutritiva da alma [...]. Não se deve, portanto, distinguir faculdade de nutrição da de geração [...] deve-se dizer que a geração entre inanimados é totalmente por algo exterior. Mas a geração dos seres vivos se realiza de modo mais elevado e por algo do mesmo ser vivo, o sêmen, que contém o princípio formador do corpo. É necessário, pois, no ser vivo, uma potência para elaborar esse sêmen, e essa é a potência geradora.

SANTO TOMÁS DE AQUINO. *Suma teológica*.
Vários tradutores. São Paulo: Loyola, 2002, vol. II.

Texto 3. René Descartes (1596-1650), *O corpo-máquina*

Eu suponho que o corpo nada mais seja do que uma estátua ou máquina de terra que Deus forma deliberadamente, para torná-la o mais possível semelhante a nós: de modo que ele lhe dá não só a cor e a forma de todos os nossos membros, como também insere todas as peças que são necessárias para fazer que ela caminhe, coma, respire, enfim, imite todas as nossas funções, que se imagina proceder da matéria e só depender da disposição dos órgãos [...] Desejo que se considere que essas funções seguem todas naturalmente nessa máquina só a disposição de seus órgãos, nem mais e nem menos do que fazem os movimentos de um relógio ou outro autômato, seus contrapés e suas rodas, de modo que não é necessário conceber quanto a elas nenhuma outra alma vegetativa, nem sensitiva, nem mesmo outro princípio de movimento e de vida do que seu sangue e seus espíritos agitados pelo calor do fogo que queima continuamente em seu coração e que não é de outra natureza que todos os fogos que estão nos corpos inanimados.

DESCARTES, R. *Tratado do homem*. Trad. Jordino Marques, citado em MARQUES, J. *Descartes e sua concepção de homem*. São Paulo: Loyola, 1993, pp. 139-219.

Texto 4. Paul-Joseph Barthez (1734-1806), *As leis do princípio vital*

Devemos considerar todas as funções da vida no homem e nos animais como produzidas por forças próprias e regidas segundo as leis primordiais de um princípio vital. As leis desse princípio são completamente estranhas às leis conhecidas da Mecânica, da Hidráulica, da Física e da Química, bem como às faculdades da liberdade, da previsão e outras que geralmente consideramos características da alma pensante. [...] Tudo o que nos é permitido conhecer sobre esse ponto é que, quando a organização do homem adquiriu certo grau de desenvolvimento e de perfeição, a Natureza universal nele faz nascer e subsistir forças produtivas dos fenômenos da vida.

BARTHEZ, P.-J. *Nouvelle méchanique des mouvements de l'homme et des animaux.* Paris: Méquignon l'Ainé, 1798. Disponível em: http://books.google.com.br. Trecho traduzido por Maurício de Carvalho Ramos.

Texto 5. Claude Bernard (1813-1878), *Os seres vivos e as leis ordinárias da física e da química*

A descoberta da combustão respiratória por Lavoisier foi, podemos dizer, mais fecunda para a fisiologia do que a maioria das descobertas anatômicas. Lavoisier e Laplace estabeleceram esta verdade fundamental, que as manifestações materiais dos seres vivos ocultam-se no interior das leis ordinárias da física e da química gerais. [...] Para nós, a vida é um conflito. Suas manifestações resultam de uma relação estreita e harmônica entre as *condições* e a *constituição do organismo*. Tais são os dois fatores que se encontram em presença e, por assim dizer, em colaboração em cada ato vital: (1º) as condições físico-químicas determinadas, exteriores, que governam a aparição dos fenômenos; (2º) as condições orgânicas ou leis preestabelecidas que regulam a sucessão, o ajuste, a harmonia desses fenômenos.

> BERNARD, C. *Leçons sur les phénomènes de la vie communs aux animaux et aux végétaux*. Paris: J.-B. Baillière, 1885, t. 1. Disponível em: www.archive.org/details/leonssurlesph01bern. Trecho traduzido por Maurício de Carvalho Ramos.

Texto 6. Christopher G. Langton (1949-), *O estudo da vida e a química da cadeia de carbono*

A Biologia é o estudo científico da vida – em princípio, qualquer caso de vida. Na prática, a Biologia é o estudo científico da vida na Terra baseada na química da cadeia de carbono. Não há nada nessa cláusula que restrinja a Biologia ao estudo da vida baseada em carbono; é que, simplesmente, esse é o único tipo de vida que temos à disposição para estudo. [...] Uma vez que é bastante improvável que, em um futuro previsível, os organismos em diferentes bases físico-químicas a nós se oferecerão para estudo, nossa única alternativa é que nós mesmos tentemos sintetizar formas de vida alternativas – vida artificial: a vida feita pelo homem e não pela Natureza.

LANGTON, C. G. "Artificial Life". In: BODEN, M. A. (org.). *The Philosophy of Artificial Life*. Oxford: Oxford University Press, 1996, pp. 39-94. Trecho traduzido por Maurício de Carvalho Ramos.

Texto 7. Anne Chapman (1922-2010), *Reconhecimento e respeito à alteridade dos processos naturais*

> Os processos naturais e os organismos vivos têm sua própria autonomia, uma "alteridade" que é sempre, em certa medida, opaca ao entendimento humano: a Natureza "vive e cresce por si mesma". [...] O reconhecimento e o respeito à alteridade dos processos naturais é, portanto, essencial, se quisermos ter uma relação com a Natureza que possa se tornar parte de quem somos.
>
> CHAPMAN, A. "Genetic Engineering: the Unnatural Argument". In: *Techné: Journal of the Society for Philosophy and Technology*, 9, 2, pp. 81-9, 2005. Disponível em: http://scholar.lib.vt.edu/ejournals/SPT/v9n2/chapman.html. Trecho traduzido por Maurício de Carvalho Ramos.

EXERCITANDO A REFLEXÃO

1. Alguns exercícios para você compreender melhor o tema:

1.1. Com base na reflexão aqui feita, descreva as diferentes maneiras de compreender o ser vivo: animista, mecanicista, vitalista, dinamista e evolucionista.

1.2. Mostre como a concepção evolucionista reconcilia *história* e *natureza*.

1.3. Descreva o ser vivo a partir das ideias de estabilidade e transformação. Em sua descrição, empregue a palavra "homeostase".

1.4. Por que os pensadores modernos deixaram de tomar o ser vivo como modelo de compreensão de tudo o que existe para seguir o modelo do ser não vivo?

1.5. Explique as dificuldades que os estudos de embriogênese levantaram para o mecanicismo.

1.6. Explique a concepção materialista do ser vivo como uma máquina termodinâmica. Compare essa concepção com a do autômato, proposta pelo mecanicismo.

1.7. O que significa dizer que a história das espécies é linear e irreversível?

1.8. Quais riscos estão contidos na concepção biotecnocientífica dos seres vivos?

1.9. Que base temos para dizer que a vida deve continuar do mesmo modo como vem fazendo desde que surgiu?

2. Desmontando e montando textos:

Tomemos o texto 7, de Anne Chapman, para exercitarmo-nos na análise de textos. Ao relermos esse texto, podemos ver que ele tem duas ideias principais: (a) os processos naturais e os organismos vivos têm sua própria autonomia; (b) é essencial que reconheçamos essa autonomia e a respeitemos. Anne Chapman chama a autonomia dos processos naturais de "alteridade". Se procurarmos num bom dicionário o significado de "autonomia" e "alteridade", veremos que autonomia significa a característica daquilo que tem suas próprias leis, enquanto alteridade significa a característica de ser um dos polos de uma relação. Observe que a autora usa o termo entre aspas ("alteridade"), pois é geralmente empregado para falar de seres humanos: são os seres humanos que estabelecem relações nas quais cada polo tem consciência do outro. Mas podemos falar de algo como uma "alteridade" dos seres vivos no sentido de que eles possuem sua especificidade, seu modo de ser. É possível vê-los como um "outro" em nossas relações.

Feito esse esclarecimento de vocabulário, podemos também notar que as afirmações de Anne Chapman não são gratuitas, ou seja, não são simplesmente afirmadas, mas procuram fundamentar-se em dados objetivos. Vejamos:

(a) ao dizer que os processos naturais e os organismos vivos têm sua própria autonomia, Anne Chapman oferece uma razão para dizer isso. Ela diz, em primeiro lugar, que essa autonomia ou essa "alteridade" é opaca ao entendimento humano. Em outras palavras, os processos naturais e os organismos vivos têm seu próprio modo de ser, e esse modo de ser não depende do entendimento humano. Isso é um dado com o qual todos podemos concordar. Mas a autora justifica sua afirmação no enunciado que vem depois dos dois-pontos: a Natureza "vive e cresce por si mesma". Assim, é o fato de a Natureza viver e crescer por si mesma, independentemente do entendimento humano, que torna sua autonomia opaca para nós. O opaco é o que não é transparente. O entendimento busca a transparência. Então, os processos naturais e os organismos vivos não dependem do entendimento humano;

(b) dito isso, se podemos constatar a autonomia ou a alteridade dos processos naturais, e se isso significa que eles não dependem de nosso entendimento, então a melhor atitude que podemos cultivar diante da Natureza é o reconhecimento e o respeito dessa autonomia ou alteridade. Esse reconhecimento e respeito são condição para termos uma relação com a Natureza que seja uma relação pertencente a quem somos. E nós mesmos somos seres vivos, somos parte da Natureza. Então, acima de tudo, se quisermos manter uma relação com a Natureza, sendo parte dela, temos de reconhecer e respeitar o modo de ser próprio dos processos naturais.

Prestando atenção nos conectivos usados pela autora (os dois-pontos e a palavra "portanto"), veja graficamente a estrutura do texto de Anne Chapman:

Os processos naturais e os organismos vivos têm sua própria autonomia, uma "alteridade" que é sempre, em certa medida, opaca ao entendimento humano

: [porque]

a natureza "vive e cresce por si mesma".
Portanto,
[...] se quisermos ter uma relação com a natureza que possa se tornar parte de quem somos, o reconhecimento e o respeito à alteridade dos processos naturais é essencial.

3. Praticando-se na análise de textos:

3.1. Siga o modelo de análise de textos aplicado no exercício 2 para estudar os textos 1-6.
3.2. Compare os textos 1-6 e mostre as diferenças de cada um na concepção do ser vivo.

4. Agora, alguns exercícios para você refletir mais livremente:

4.1. Você vê razões para dizer que há alguma finalidade na Natureza? Por quê?
4.2. É justo impor limites às manipulações científicas de seres vivos? Por quê?
4.3. As visões mais recentes sobre o ser vivo impedem que suponhamos a existência de um criador divino? Por quê?
4.4. Faça uma pesquisa e procure mais informações sobre os conceitos de "neotenia" e "pedomorfose" e sobre a ciência da "cronobiologia".

DICAS DE VIAGEM

Para você continuar sua viagem pelo tema do ser vivo, sugerimos:

1. Assista aos seguintes filmes, tendo em mente as reflexões que fizemos neste livro:
- **1.1.** *Frankenstein* (*Frankenstein*), direção de James Wale, EUA, 1931.
- **1.2.** *Solaris* (*Solyaris*), direção de Andrei Tarkovsky, URSS, 1972.
- **1.3.** *A ilha do Dr. Moreau* (*The Island of Dr. Moreau*), direção de John Frankenheimer, EUA, 1996.
- **1.4.** *Gattaca* (*Gattaca*), direção de Andrew Niccol, EUA, 1997.
- **1.5.** *Homo sapiens 1900* (*Homo sapiens 1900*), direção de Peter Cohen, 1998, Suécia.
- **1.6.** *A ilha* (*The Island*), direção de Michael Bay, EUA, 2005.

1.7. *Origens da vida* (*Origin of Life*), National Geographic, EUA, 2005, 4 DVDs (documentário).

2. Sugerimos visitas a museus de história natural, de zoologia, de botânica e de microbiologia, a jardins botânicos e zoológicos para observar a diversidade dos seres vivos. Procurar identificar, à luz do que vimos no texto, algumas características comuns a todos os organismos, refletindo sobre a dificuldade e a importância de fazer tal abstração a partir da observação direta. Procure fazer excursões a áreas de mata, total ou parcialmente preservada, para ampliar a atividade anterior com observações sobre os vários modos de existência dos seres vivos, principalmente em sua existência integrada ao meio. Também é interessante tentar identificar o que há de contínuo e de descontínuo entre os vários componentes do ecossistema.

LEITURAS RECOMENDADAS

Sugerimos as seguintes leituras para o enriquecimento de sua reflexão sobre o ser vivo:

EL-HANI, C. N. & VIDEIRA, A. A. P. *O que é vida: para entender a biologia do século XXI*. Rio de Janeiro: Relume Dumará, 2000.
Ótima coletânea de textos que tratam de questões filosóficas, históricas e científicas em torno da definição de vida. Alguns ensaios abordam conceitos gerais da Biologia científica de forma clara e precisa. A bibliografia citada na obra é uma preciosa fonte de referências.

JACOB, F. *A lógica da vida*. Trad. Ângela Loureiro de Souza. Rio de Janeiro: Graal, 1983.
Trata-se de uma importante história da Biologia, interpretada por um dos maiores nomes da genética atual (Prêmio Nobel 1965). François Jacob toma como eixo o problema da hereditariedade discutindo a estrutura, a organização, o tempo e a constituição material e funcional dos seres vivos.

LEWONTIN, R. *A tripla hélice: gene, organismo e ambiente*. Trad. José Viegas Filho. São Paulo: Companhia das Letras, 2002.

Esse ensaio biológico clássico discute o problema do uso de metáforas em Biologia e apresenta ideias importantes para compreender a integração entre diferentes níveis de existência dos seres vivos, do genético ao ecológico.

MARGULIS, L. & SAGAN, D. *O que é sexo?* Trad. Vera Ribeiro. Rio de Janeiro: Zahar, 2002.

Nesse livro há um profundo estudo dos vários sentidos do conceito biológico de sexo, cuja expressão mais simples está na combinação de material genético de fontes biológicas diferentes. A partir da interpretação dos autores, a noção de reprodução ganha um significado especial para a compreensão da origem e da evolução da vida.

IMPRESSÃO E ACABAMENTO:
YANGRAF Fone/Fax: *2095-7722*
e-mail:santana@yangraf.com.br